Ira con piel

Colección Papeles Salvajes
Homenaje a Marosa di Giorgio
Poesía Experimental

Experimental Poetry
Homage to Marosa di Giorgio
The Wild Papers Collection

Xavier Oquendo Troncoso

IRA CON PIEL

Fotografía:
Luis Enrique Yaulema

Nueva York Poetry Press LLC
128 Madison Avenue, Oficina 2NR
New York, NY 10016, USA
Teléfono: +1(929)354-7778
nuevayork.poetrypress@gmail.com
www.nuevayorkpoetrypress.com

Ira con piel
© 2025 Xavier Oquendo Troncoso

ISBN-13: 978-1-966772-16-3
Paperback B&W edition

© Wild Papers Collection vol. 3
Experimental Poetry
(Homage to Marosa di Giorgio)

© Blurb & Curatorial Notes:
Marisa Russo
Publisher/Editor-in-Chief

© Blurb & curatorial notes:
Marisa Russo

© Layout Designer:
Agustina Andrade

© Graphic Designer:
William Velásquez Vásquez

© Photographer:
Luis Enrique Yaulema

Oquendo Troncoso, Xavier
Ira con piel; 1ª ed. New York: Nueva York Poetry Press, 2025. 124 pp. 6"x 9".

1. Ecuadorian Poetry   2. Latin American Poetry

Library of Congress Classification —PQ8180.O68 I73 2025

All rights reserved. No part of this publication may be reproduced, distributed, or transmitted in any form or by any means, including photocopying, recording, or other electronic or mechanical methods, without the prior written permission of the publisher, except in the case of brief quotations embodied in critical reviews and certain other non-commercial uses permitted by copyright law. For permissions contact the publisher at: nuevayork.poetrypress@gmail.com.

Arde esta ira irreal
y sin embargo
hay que soportarla

María García Zambrano

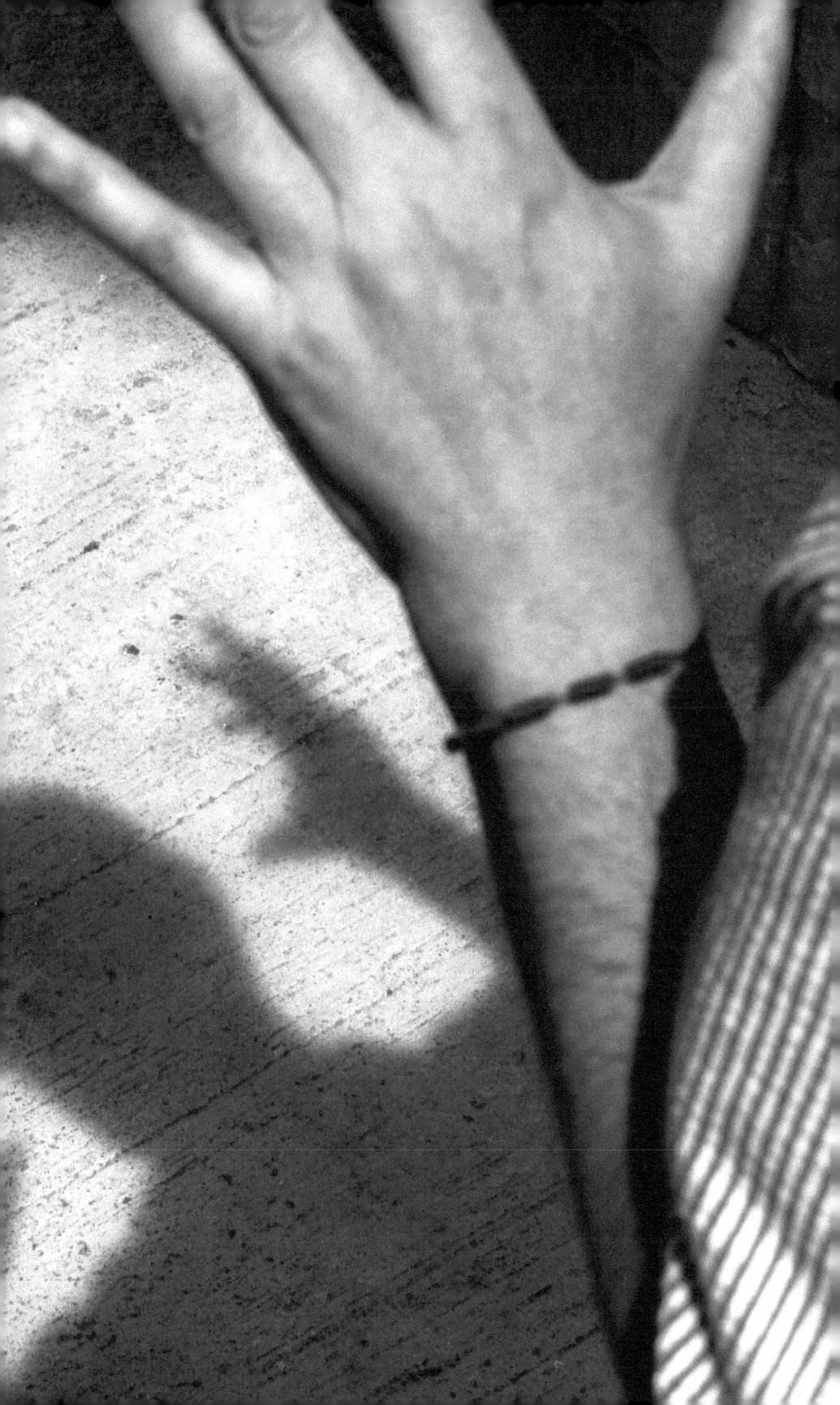

Goethe y una duda naturalista

Cómo será el amor
desde una montaña libre:

    un cráter grande que besa
    un árbol sin pretensión de otoño
    un torniquete al cisne
    un brote de alfalfa
        en una sopa alucinada.

Una fritura contamina la tierra
                con su sonido.

Dios es una toxina celestial
                ya caducada.

Nuevos personajes que nacen luego de una lectura contemporánea sobre el Yo de Hegel

Quiero ser tortuga encopetada
elegante escopeta de cazador
océano con desechos pulcros
sinsonte de cantos repetidos
amarillo ocre en un pastel.

Dominaré alguna escoba
y las respiraciones de los santos.
Inventaré más cocidos
y más alfombra en los desfiles de los ciegos.
Abriré una ventana en nochebuena.

Ser quien consuma
      los estadios del agua
         las lumbres acomodadas
            de una chimenea correcta.

Jugar fútbol
apostar el automóvil
por unas playas y caderas.
Ver el eclipse en pantalla de plasma.
Repetir unos slogans
unos vientecillos de valle encantado.
Untarme la crema, el polvorín, la mascarilla.
Habitar la luz de un conejo
buscar vitamina en las orejas.

Estoy animal aplastado.
Me falta un sol
una manta que dejó de calentar al tejido
un caníbal que no tuvo oportunidad de comer bifes
el sol en la nocturnidad de Escandinavia.

Muero hace algunas maternidades
fuera de esta causa percudida y fugaz.

Por suerte me cubre la bufanda negra
con su fiebre de miel en los domingos
en los que, casi siempre, expongo
las preocupaciones de gentes como yo.

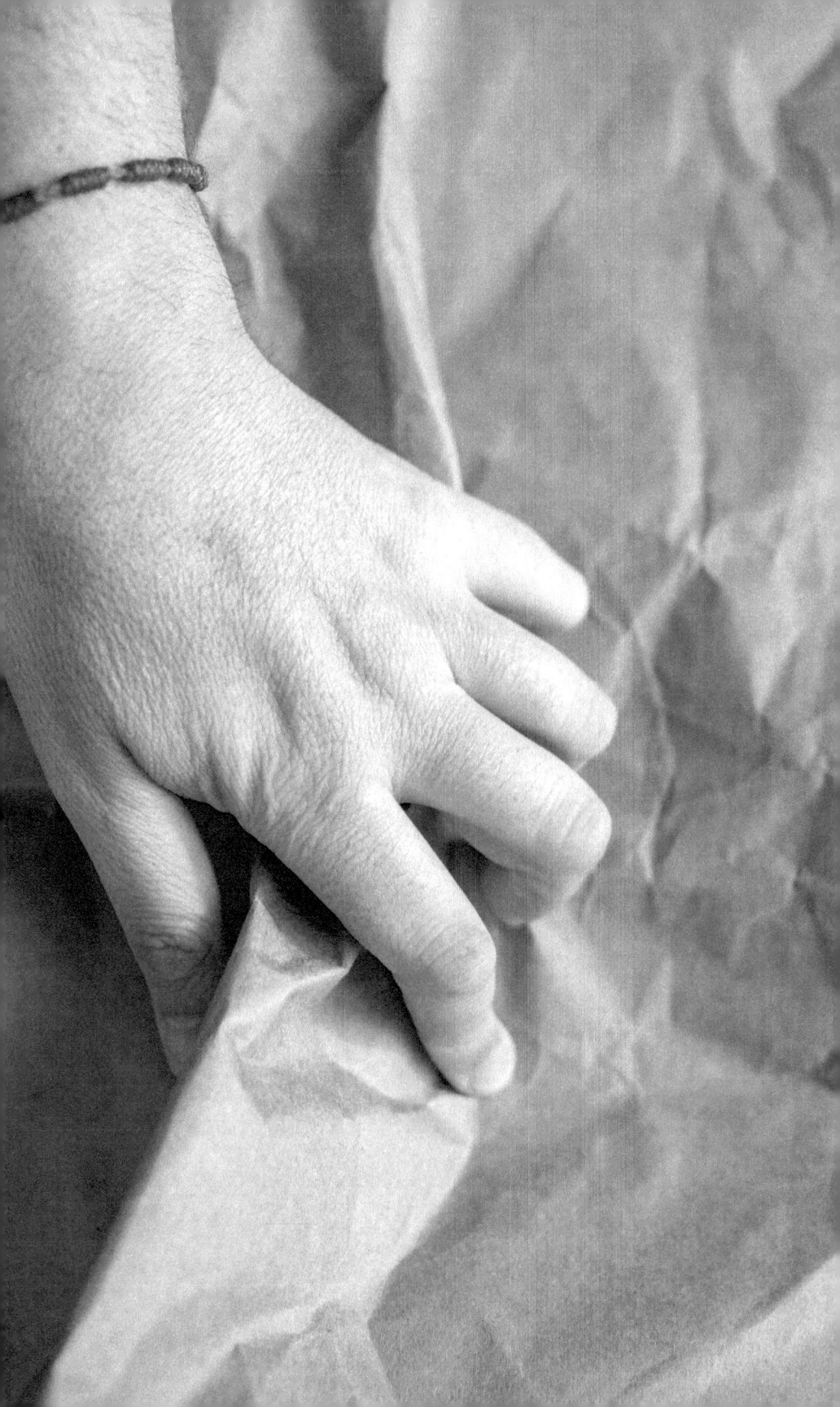

El cinismo del cínico

Debe haber por aquí algún líder
que camine feliz con hocico animalista
que tenga pretensiones de político,
de abogado fiscal, de millonario.
Alguien que vierta azúcar salada
en procesos extraterrestres.
Alguien que no le guste la guayaba,
la salsa picante, el maíz como aperitivo.
el que llena la fuente del centro del parque
el que estudia a las nuevas ranas tropicales
el que cena alguna cosa sin cubiertos
el que baña a su mascota.

Debe haber algún perfecto en esta tierra
que haga de demócrata y veterinario
que goce como radiografía de colores
que se ponga como un lobo tras un faro
cuando se acerque un niño en las noches
a pedirle que le compre un cigarrillo,
un tarro de goma, una gaseosa,
que le dé una moneda
a cambio de una rosa marchita.

A veces el tan perfecto
desde su ventana eléctrica
lo mira como un can trasquilado
y lo ignora

mientras escucha un podcast
sobre el humanismo perruno
y sobre los perrijos que están creciendo
en las urbanizaciones
y en los parques nítidos de la ciudad.

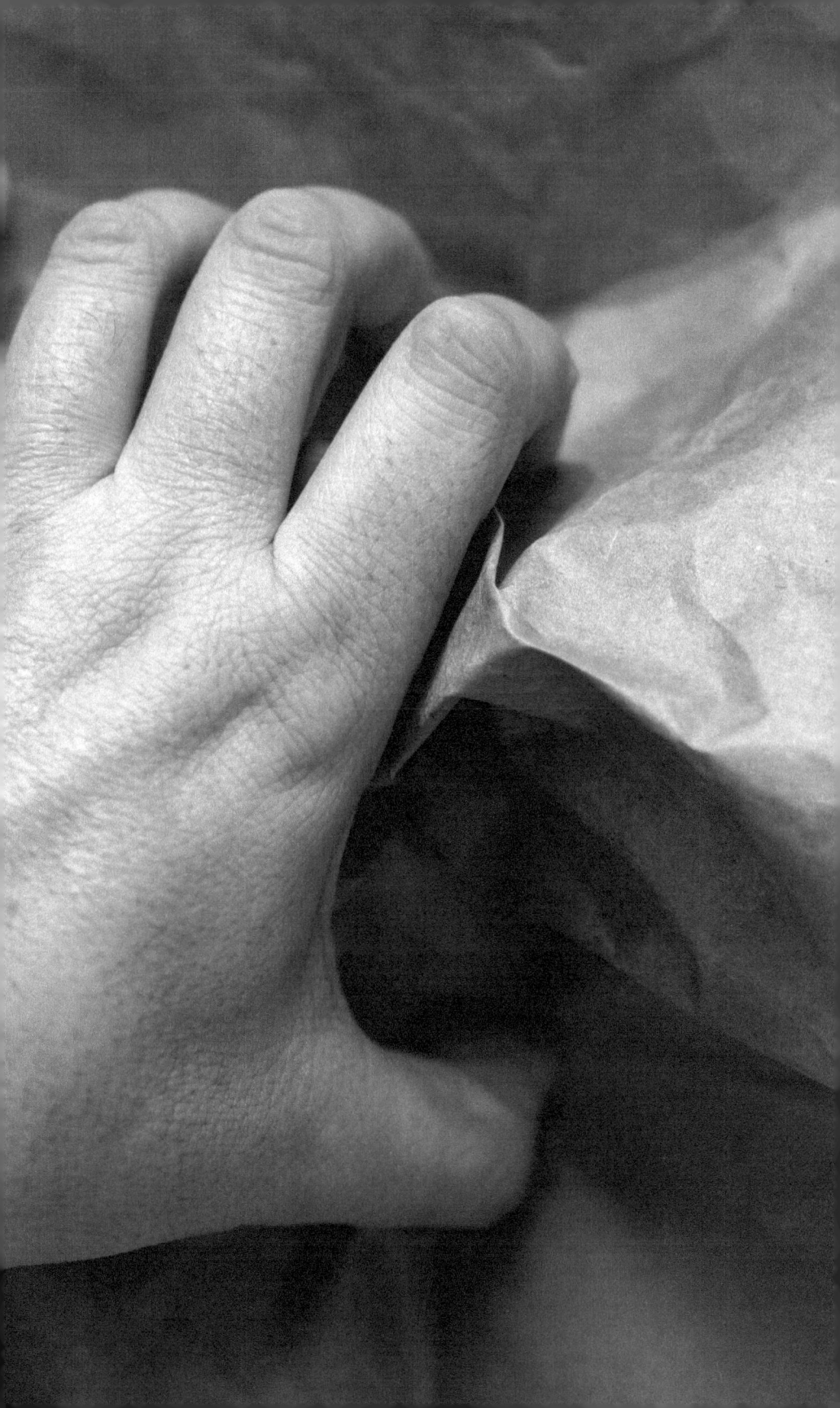

Reflexiones luego de una lectura de Schopenhauer sobre la poesía

Hay que limpiar el aire del instante
separar el sabor de lo melifluo
amar las sombras frías
depositar falsas monedas.
Hay que volver a ser un niño duro
una flor que nadie ve y que no huele
una pendejada
alguna cosa muerta
una tortilla seca
algún tapabocas que tape la ira
una voz que no puede cantar óperas torpes
alguna enriquecida piedra con minerales
una explosión de colibríes en el aire
algún recado de Nefertiti desde la belleza
algún resultado de examen con falsas noticias
algún bicho sin veneno
alguna partitura que no suena en arpa
alguna equinoccial manera de ejercer el concepto de mitad
algún petardo sin disparo
algún frío, alguna estufa.

Hay que irse de este poema
que será descubierta la farsa.

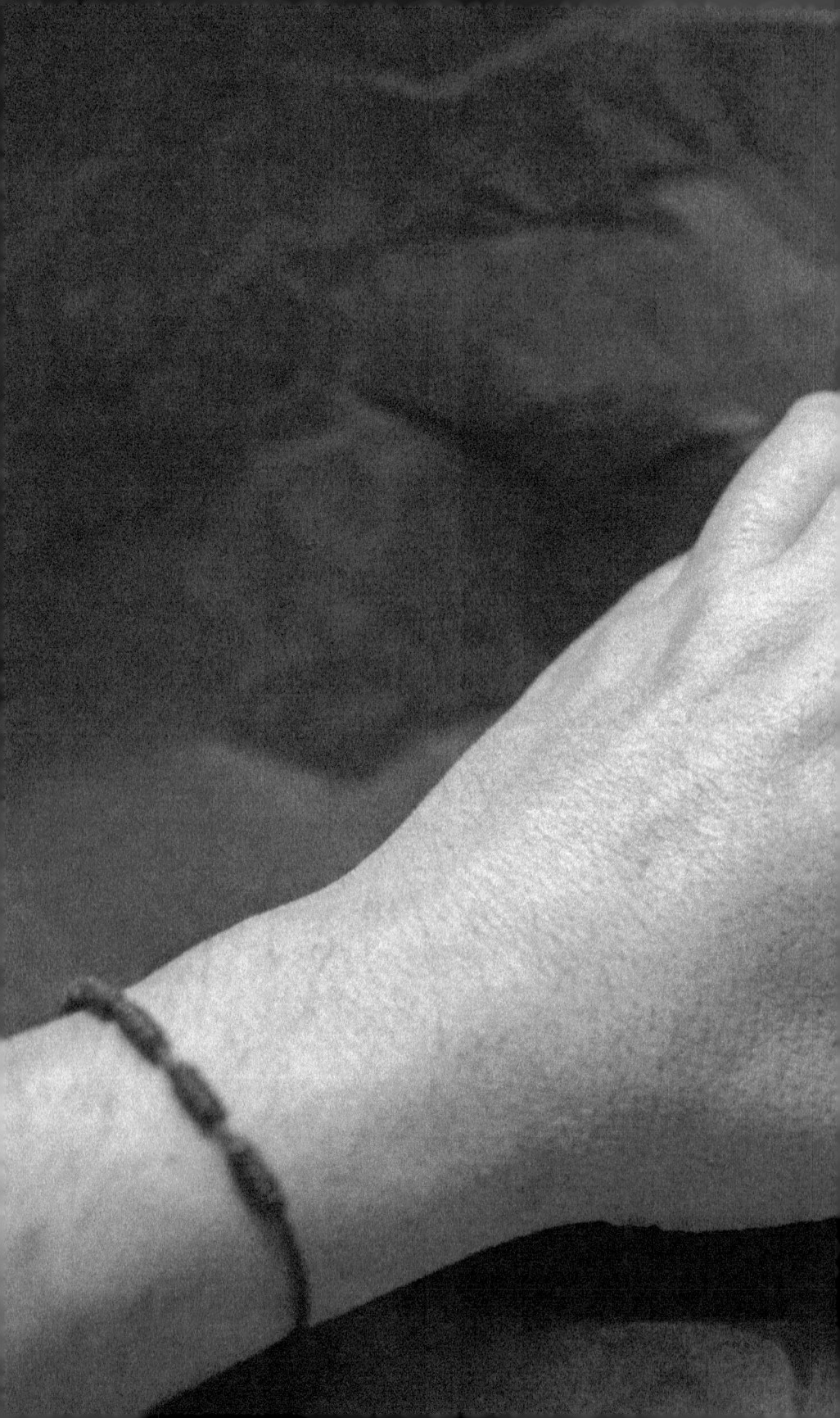

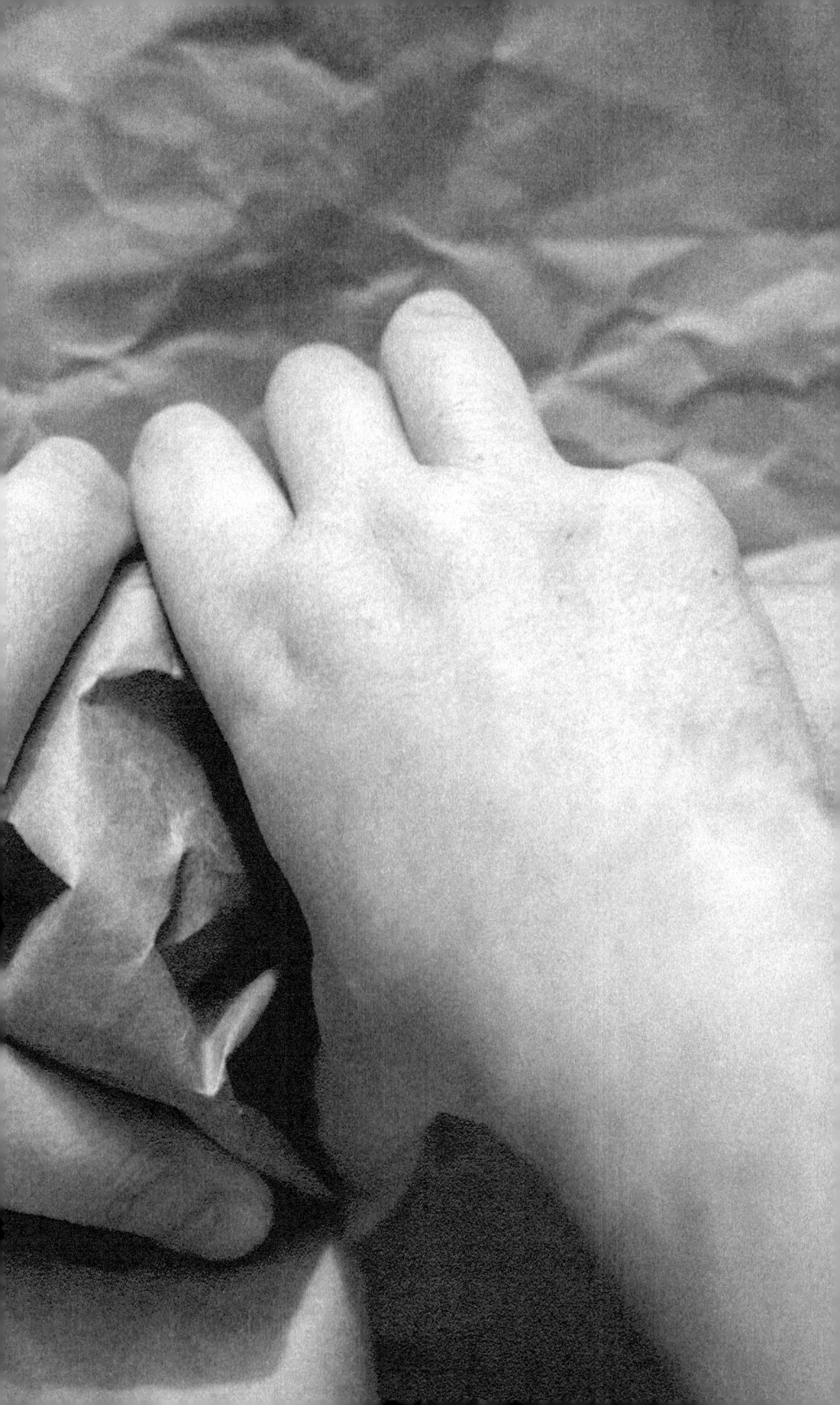

Versión de Bram Stoker dialogando con el siglo XXI

No es el viento y sus hojuelas de sol
ni esos árboles que bailan sobre la memoria.
No es abuso de fantasía
ni son cromos del álbum de televisión
ni astros que zumban en la boca de los gatos.
No es el remake del *siglo de las luces*
ni las electricidades de los ojos huecos.
No la naturaleza hecha palabras
en los objetos sin fuego
en los candelabros
en las películas de toros y anticuarios.
No es el corazón de Pascal
para la fiesta del ser sobre el querer.
No es el amor que se ha ido por lo antiguo
de la ropa interior y su silueta desbordante.
No es Gustavo Adolfo Becker en el baño
o en *el tranvía llamado deseo.*
No es que ayer es un momento de viernes
y hoy es nada y es futuro.
No es ni eso que se recuerda en algún olor.
No son las metamorfosis de los mitos
ni la transformación de los crepúsculos.

Son tus ojos en mis músculos cardíacos
en el cerebro semántico
y en su audacia de manzana.

Es el siglo XXI en medio de un recuerdo.
Es que existe tu forma
en el techo de mi sueño
en mi cama de pastel
en mi deshidratación
en mi otoñado verbo.
Eso es.

Y es la luna también
                    y mis colmillos de lobo.

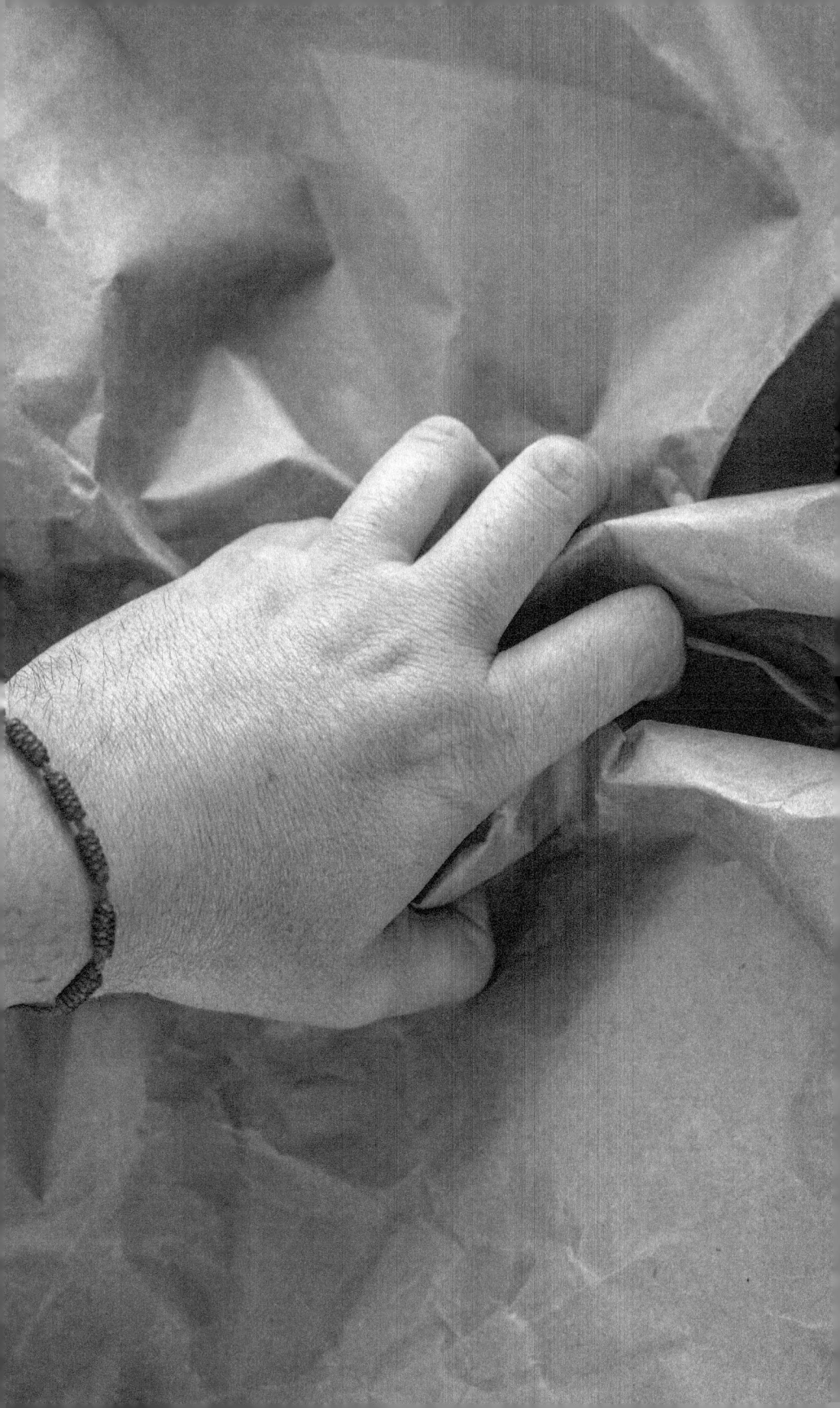

Una oración erótica atribuida a un epígono de Georges Bataille

Será la suerte
el ozono y tus ojos
que bailan su propia danza.
Será un premio
tu olor que permanece
luego de semanas
en toda mi paciencia de animal.

Será la luz
y el maquillaje
que usa la epidemia
para encerrar las lágrimas
tus dedos como una mantequilla
en mis palmas flacas.

Será el color de la tarde
la noche con su naturaleza muerta
y las raíces fermentadas
que entrega la luna en rayos blancos.

Tus piernas firmes
haciendo cuadrados al deseo
en las inmediaciones
de mi hormona libre.
Verme en el milagro de tus palabras
vidriosas y sin rumbo.

Será el territorio de tus cejas
tu forma de ocupar el espacio
de sentarte cerca de mí como un libro.

Observarte desde la sonrisa para adentro
     como un equipaje vigilado
     como un sol de otro planeta.

Será el ardor de tu temperamento de gacela.
Tus rodillas cálidas y alzadas
y una noche que sueño con sus ruidos.

Serán tus muslos que se agrandan
tu mirada de medicina y de ventana
tus preocupaciones por mis muecas
tu lugar común que me hace cuna
una explosión y un brillo en tus axilas
la espuma encendida entre tus labios
una forma de ponerse el día.

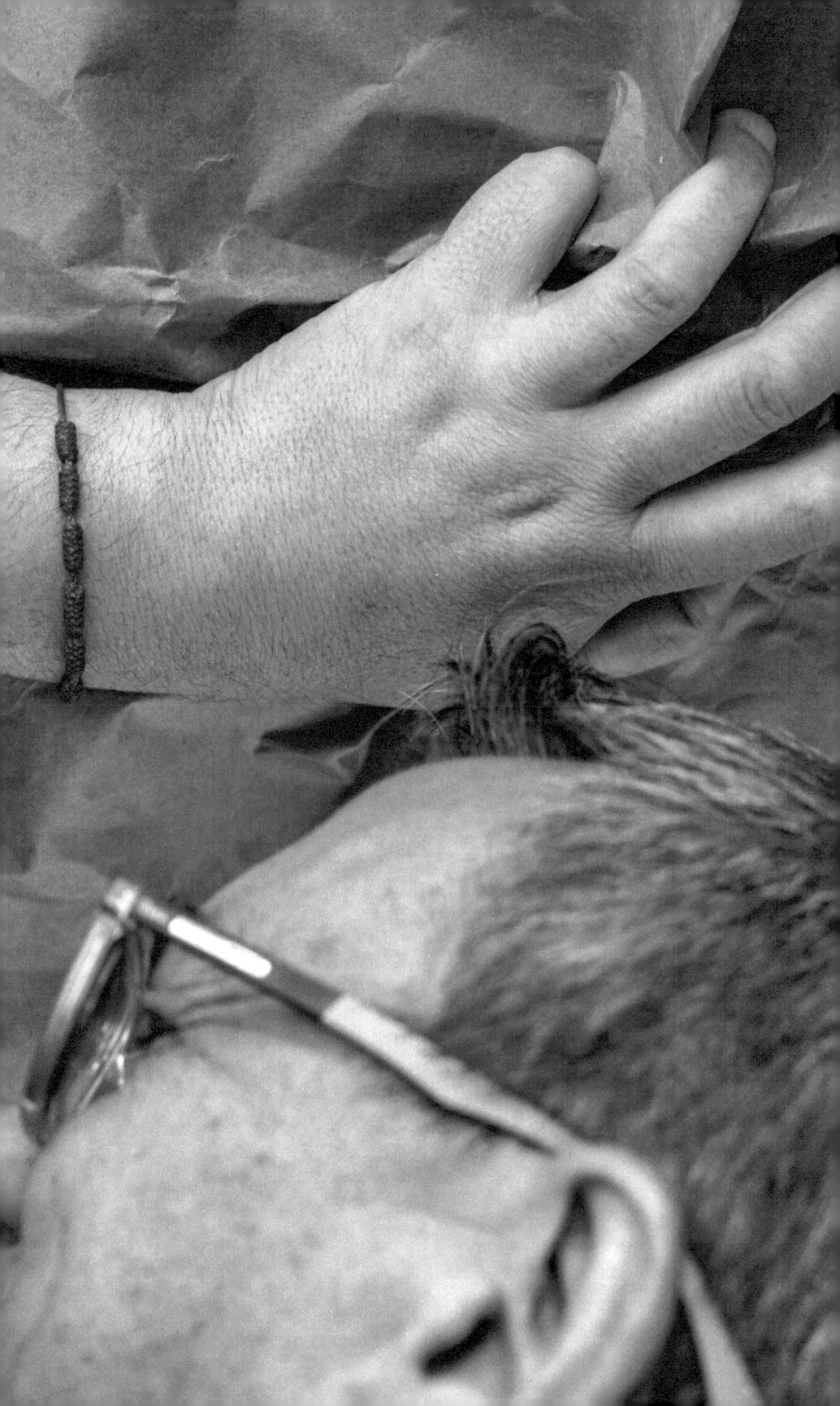

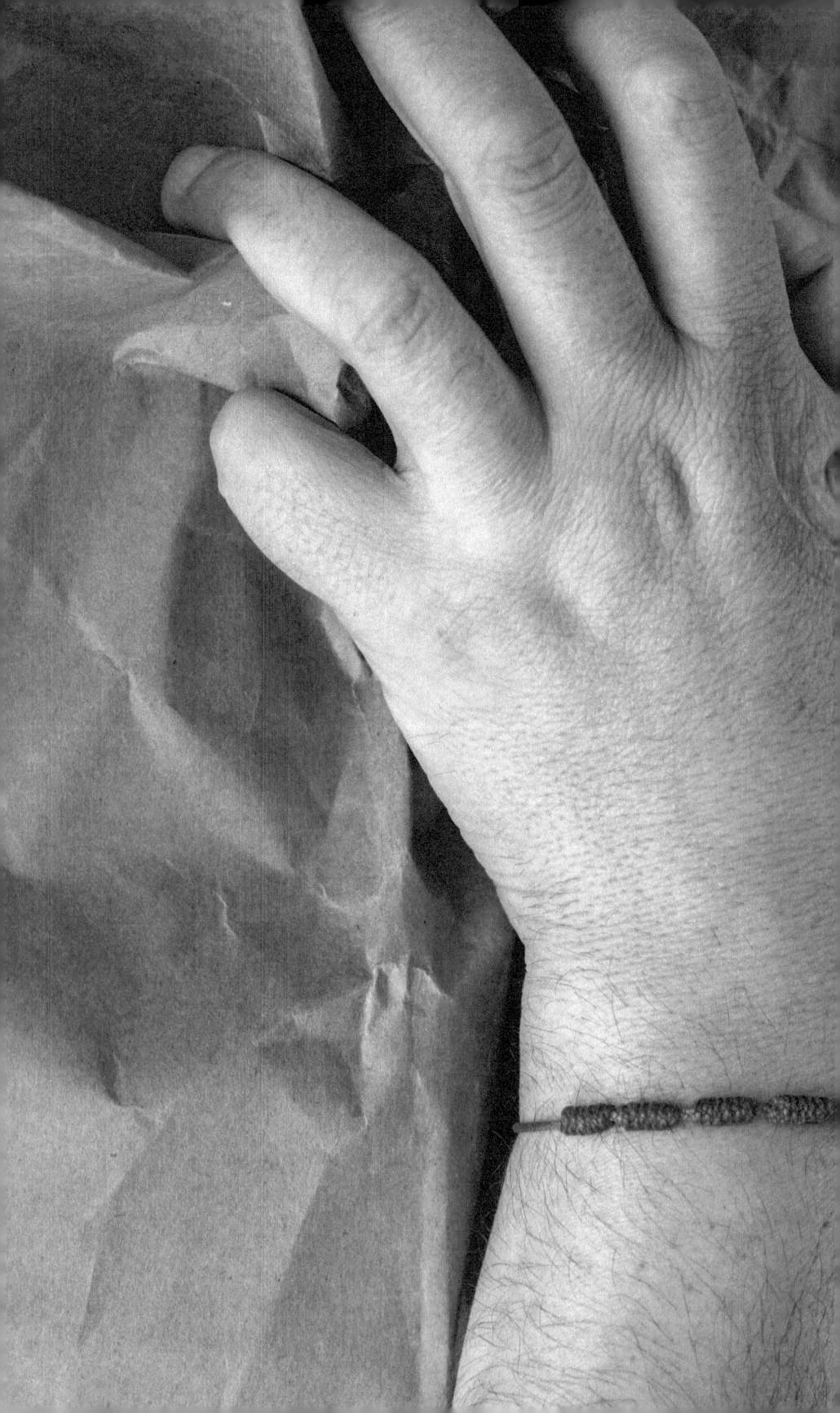

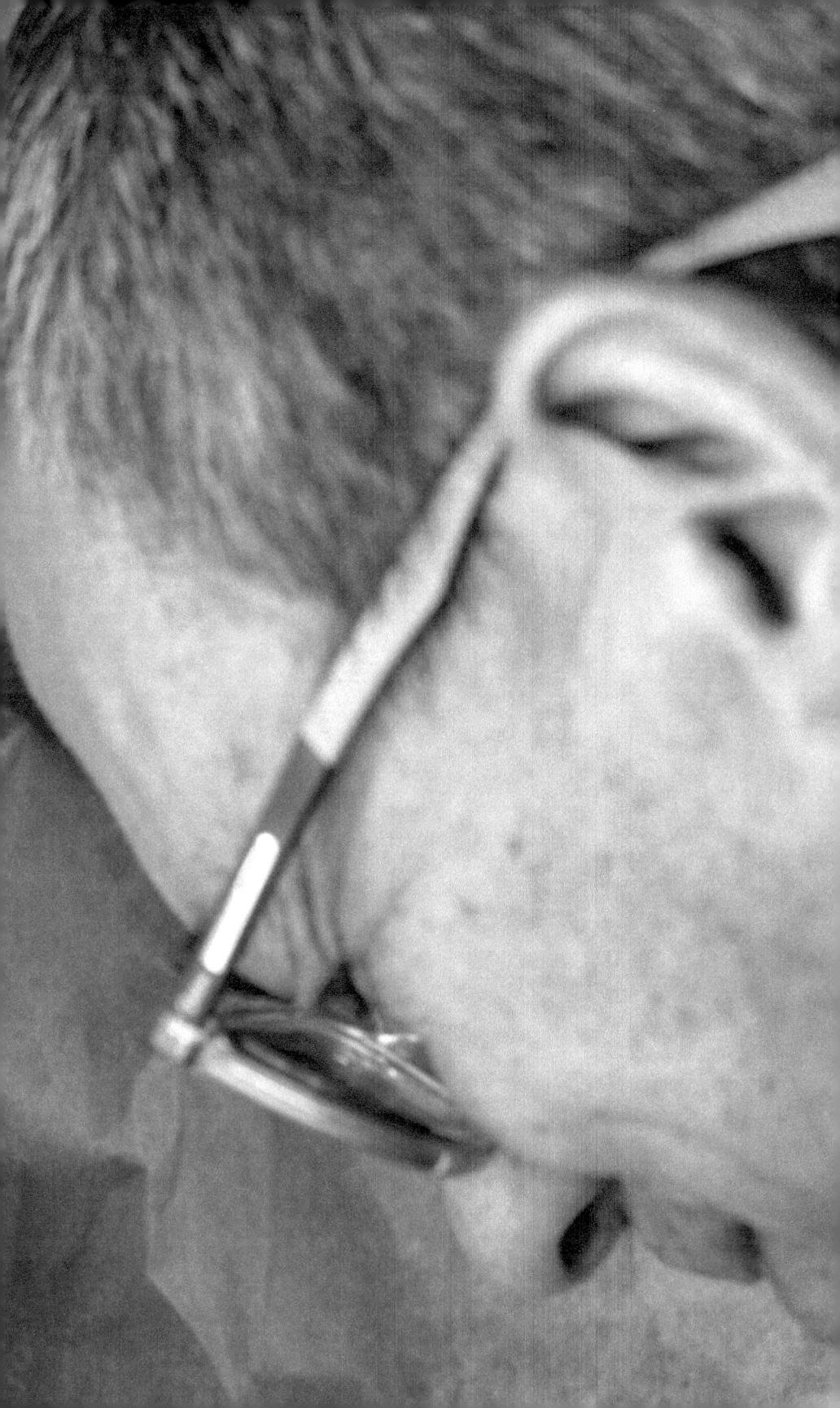

IRA CON PIEL

> *Será que a la más profunda alegría*
> *Le habrá seguido la rabia ese día*
>
> SILVIO RODRÍGUEZ

Matraca escandalosa
pasado del pretérito absoluto
figura mal dolida
sombra que apareces en el día
casita de torturas clandestinas
sombrero que no tiene para calva
monumento de un prócer
escotilla del carro que no sirve
cerrajero de carpintería
salido de la abundancia.

¡Largo! Hasta donde sangren tus bacterias
en alguna isla enferma y retorcida
en alguna rosa que apesta de marchita
en un pozo donde vive algún residuo de Edad Media.

Ojalá te rompas en los calendarios
como un día que no existe.

Siempre viste manzanas en tus ramas:
sólo eras un palo disecado.

Escribir con sangre según Nietzsche

Se la llevaron los ríos
las aguas hediondas
las lluvias
las anemias
el tiempo
el sueño
los cansancios.

La gravedad la transportó del cuerpo
para que produzca glóbulos azules y verdes
por los campos y por las estaciones.

La otra parte de mi sangre
la que quedó
la que escarba el instinto de supervivencia
está tristemente enamorada.
Toda la hemoglobina se blanqueó
y se fue de nuevo a vivir
a engordar
a comer del plasma
con hematocritos mal paridos
y falsos.

Tienen mi sangre
los venados
las sopas de Campbell de Warhol
las pilas de Montjuic

las islas vírgenes que hacían rojo su contorno
con los glóbulos que venían de mi circulación.

La han celebrado en las fiestas de equinoccio
y en los años bisiestos
y por el onomástico de los árboles de mandarina
y por los guayacanes que florecen
y por las cerezas y los nísperos.

La sangre es una migrante
que odia los cuerpos
sus deseos
sus amores.

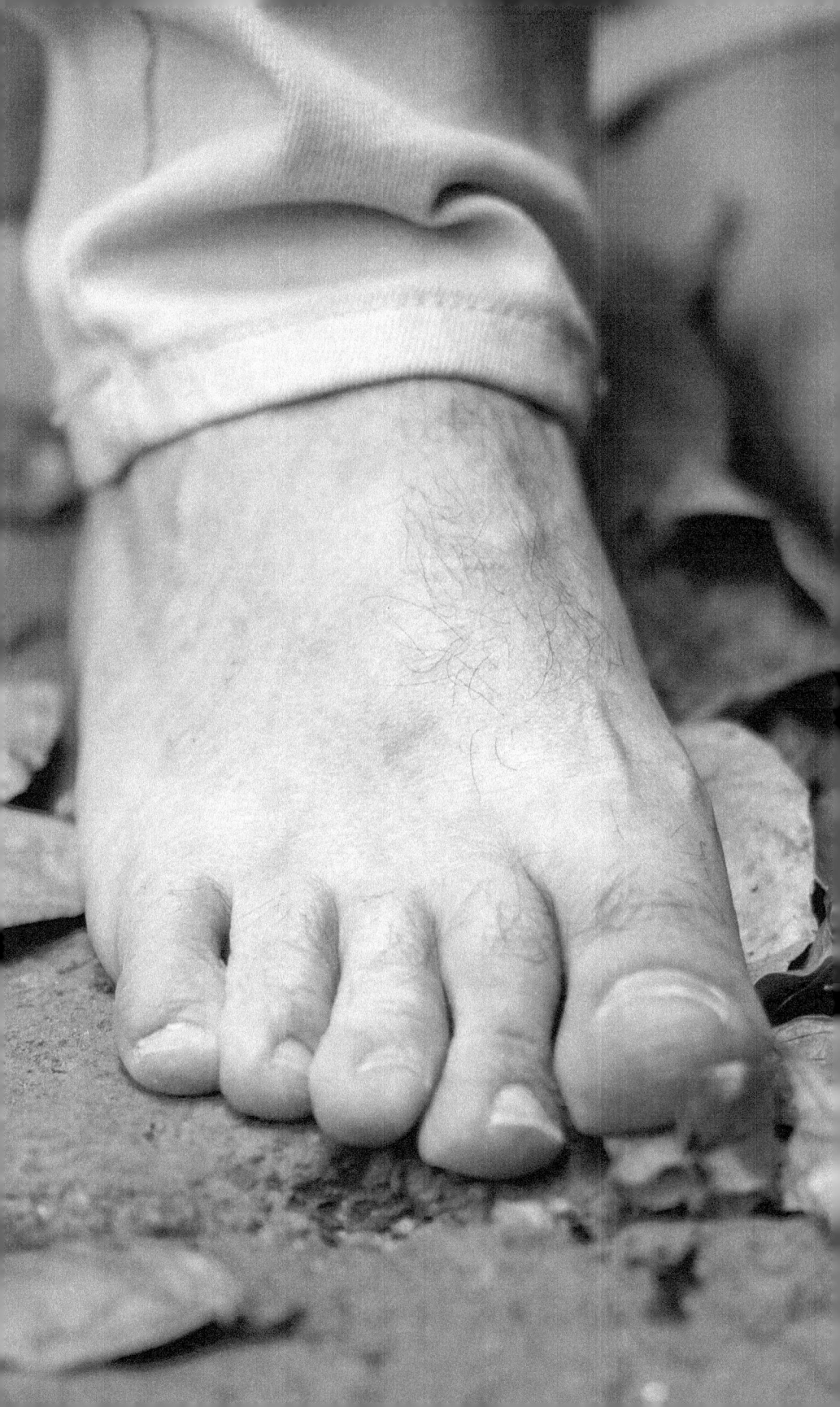

De 6 y 30 a 6 y 31 pm,
luego de revisar el libro
"Ser y Tiempo" de Heidegger

Cae la tarde
y los duraznos de la noche
con sus semillas tardías.
Hay lagunas en el camino
y hasta una sombra de fantasma
ronda por el tiempo del paisaje.

La luz mueve algunas notas de dolor en el ombligo
y una luna asoma en la recolección de luz.
Hay un aroma terroso y un calor
que aún aguarda en el cuerpo hastiado.

No hay hambre en los vientos oscuros
y en todo el rededor se arma la paz
como si fuera una carpa.

Detrás de una nube se muestran dos gorriones
y esbozan una fotografía en la altura inmediata.

Pienso en ti
y no afecta en nada a esta belleza detenida.

Cierro la ventana
y en la radio se escucha una canción de banda.
Canto unas líneas para vos
y la noche se desbarata.

Fenomenologías personales

Vuelves.
Una cosquilla se materializa
y el juego empieza.
Se crean nuevamente las carreteras
los helados, las frituras.
Vuelve a remorderme el frío
en el calor de alguna cafetería.

Hay un silencio que conduce el auto
que produce espasmo y olor a mantequilla.
Quisiera decir cosas sobre esos cofres
que guardan las palabras que no enfrento.
Cosas del color de un árbol nocturno
y sus copas que impulsan la incertidumbre.

Vuelves. Salgo débil, perdedor.
Me enfermo y te atraviesas
como un hueso en las calaveras que piensan.
Empiezo a guardar algunas sonrisas
—imágenes tuyas para mi colección de derrotas
para el catálogo de mundos oníricos y tristes—.

Regresas. Todo es otra vez.
Solo queda la foto en la conciencia
y algún olor que reproduce el tiempo
cuando está generoso,

con ese sonido agudo y largo
que hacen los árboles
–respiran las penitas de otros seres
más verdes que sus copas bullentes–.

Apuntes sobre el vacío al leer a Badiou

Pobres los libros.
Pobres poemas sin libros.
Pobres los libres que no tienen algo condenable.
Pobres los presos sin que la libertad les dé una manta.
Pobre cuestión la del amor ilustrado.
Pobre la falta de enfermos con posibilidades de cambio.
Pobres los hospitales que compiten con los psiquiátricos.
Pobres las infecciones que traspasan a los antibióticos.
Pobre la camisa que murió sin cuello
      el apagado cigarrillo aún entero
      la bodega limpia y sin olor a húmedo
      el corazón de los pinos sin navidad
      las acuarelas sin un lienzo detenido
      el tobogán de lágrimas de adolescentes enamorados.

Pobres las vanidades sin palabras
      los ornitorrincos burdos
      las papayas desabridas
      los manojos de dolor de los pájaros sin nombre.
Pobre mi mullido nombre en tu boca.
Pobre yo sin saber qué mueca hacerte.
Sin decirte que este es tu poema.

Pobre este poema que te niega.

Gimnasio

Aunque quiso tener músculos y venas abultadas
y ríos proteicos
que salven a Narciso de su propio espejo
prefirió la fiesta, el corazón del chocolate
y las flácidas maneras de ver el mundo en la risa.

Luego se quedó con su ego
para morder su mala suerte
y su destino fue trazar unos poemas laxos.

Solo quiso sacar algún bulto en el bíceps
aunque tiene un nudo en el corazón
y otro en su estómago triste
                      al que le crece panza.

Homero

Escribió una guerra
unos soldados
una isla
y un tejido.

Después, Atenea lo dejó ciego.

La poesía fue implacable
y no perdonó que un simple poeta sea su rival.

Varias lecturas sobre la libertad luego de Sartre

La libertad es una víbora
que se amarra a sí misma
como una hiedra de muro.
El poder se ha coagulado.
Ha aumentado el volumen de sangre
el número de "nadies".

Una sombra anuncia al enemigo
roca que edifica la mentira.
la paz con disfraz de payaso,
la dicha sin sonrisa ni amarillo.
Han llegado los cobardes,
nuestros misterios oníricos

El tiempo, como un tótem
que no se mueve
camina como una utopía
en el éxtasis pleno
de unas cigarras dormidas de luz.

Los perros ya no lavan su corazón
en el viento libre.

La montaña es una fruta gigantesca,

pero seca.

Ha resucitado la persona ingrata.
Los olores de la calle
combinados con vinagre. La suciedad
invade la razón, el ego de los santos.

Cierto que partieron los héroes. Las madres
cosechan la nada. Los hospitales están
llenos de prejuicios y bacterias.

Hay poca Patria.
Las ciudades son imaginación,
Ítacas imprecisas, sin fuerza
y muchas nueces que se hacen de lejos
como crepúsculos marinos.

Son ciertos estos versos
pese a que *los poetas
mienten demasiado.*

"Lo inútil" luego de una lectura de Heidegger

No se pudo arrastrar al toro por un cuerno
ni cortar las agujas del fuego
y alejar a las aguas de su lluvia.

No hubo forma de hacerle guerra al santo
ni de encontrar la ley de lo prohibido.
No hay manera de depositar las sobras
en alguna alcantarilla con joroba.

No se consiguió traer más cielo
ni devolver la sombra a las cenizas.
No se logró aumentar el flujo de los trenes
en los desiertos pálidos del mundo.

No se rompieron las cerraduras
en las puertas dolientes de los lobos.
No se hizo nada para lamer los vientos
ni para corromper al cielo raso.

No se miró con otros ojos
al amor y a sus ombligos.
No se llegó a la altura
para zanjar la línea de lo feliz.

Solo quedó una montaña de paja
para llorar al pasto del recuerdo.
Entonces, queda mandar al diablo
la mala calidad de lo que es útil.

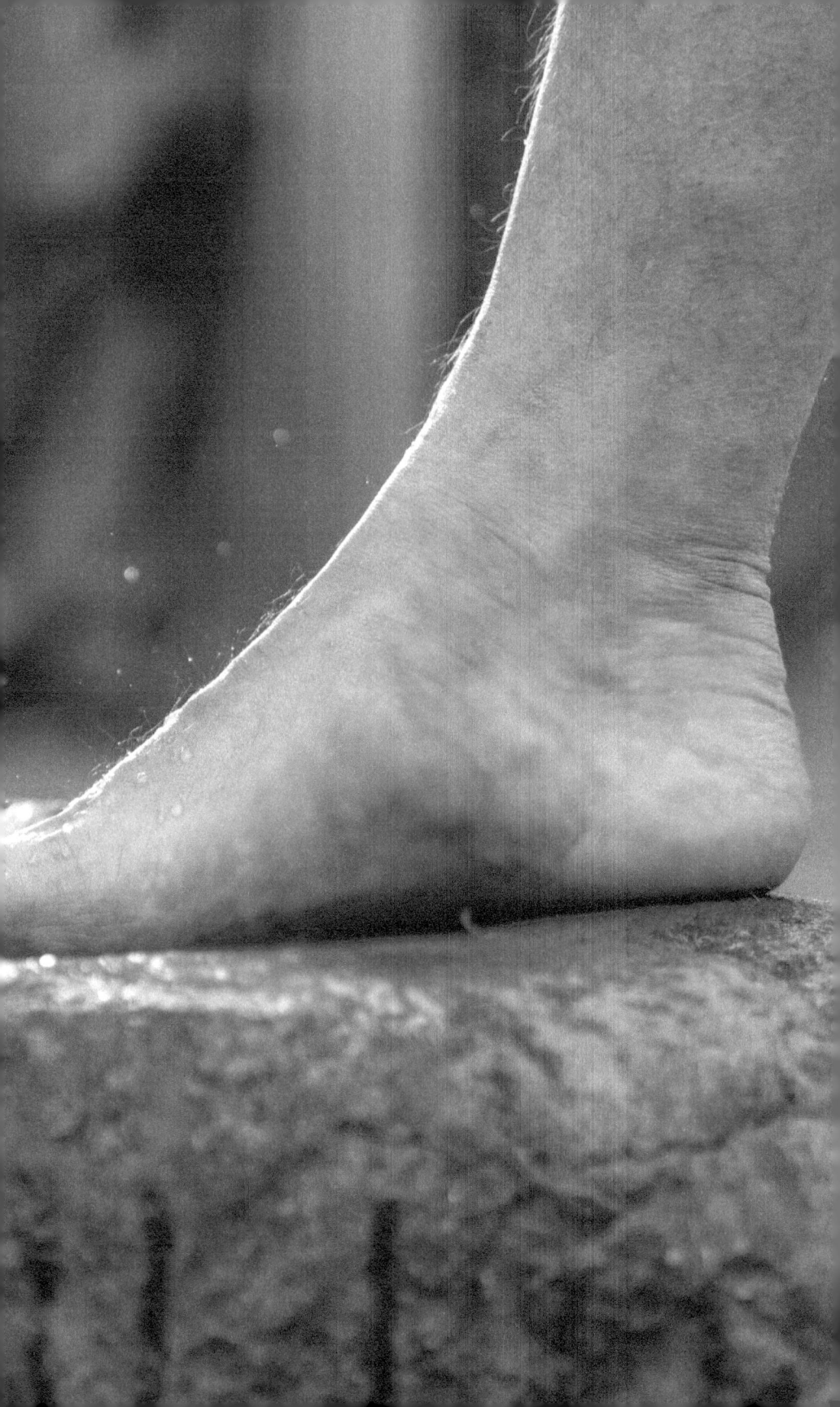

El poema según Juan de Patmos

Se acerca el día que no quiero.
El que no madura en los campos.
Será un pariente del Apocalipsis:
un día de cuchillas
con canillas doloridas.

Vendrá el día
le sacará el azul a la ventana
destruirá los brebajes del cactus
y batirá la miel ácida de las manzanas.

Robará mis cantos de sangre
lastimará al sonido
en compañía de las lloronas de los bosques.
Se hará de sol y quemará los lutos
denunciará al invierno en los duelos de noviembre.
Estará para ladrar a gatos y a dragones
para espantar el olor bueno de las bestias
para sofocar con plumas de almohadón
la nutriente cabeza que nos guía.
Para adornar el fantasma de las pirámides
para esperar un tren o una navidad o un otoño falaz
para imponer las leyes de las palmeras desnutridas,
de los cocos pelados,

para arrastrarse como víctima sin opción
para llorar naranjas en veranos
para pudrir al viento con aire acondicionado
para expulsar las ramas del árbol que me habita.

El día malo se avecina
no quiero estar para verlo en mi agenda.

Lo voy a hacer más malo
lo voy a sepultar del calendario.
Haré un paro de horas.
Me voy a ir un día antes
de sus fauces de pasada mermelada.
para que
resucite a dios
y prenda fuego a sus minutos
y sangre en la punta de su lengua
carcomida por las horas.

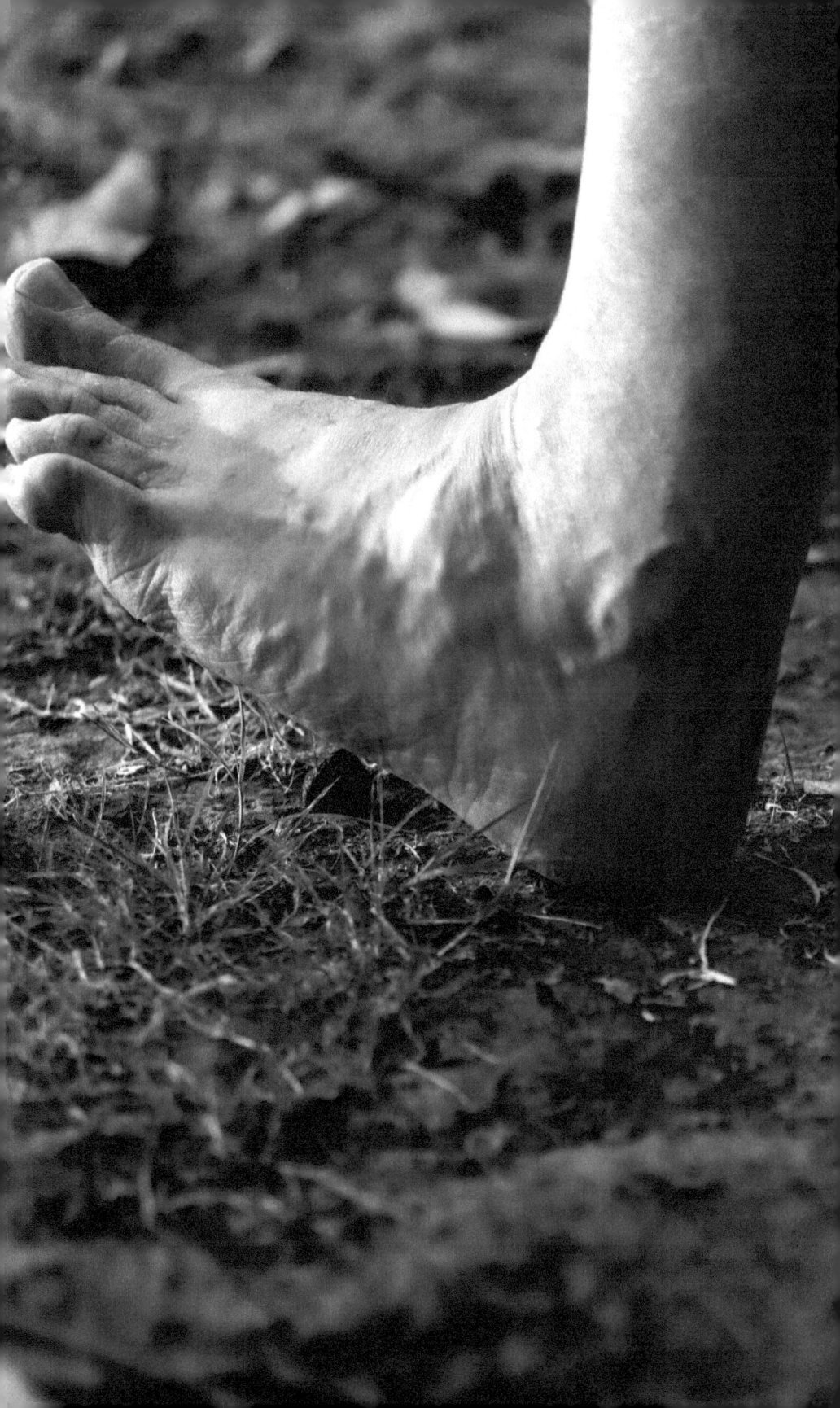

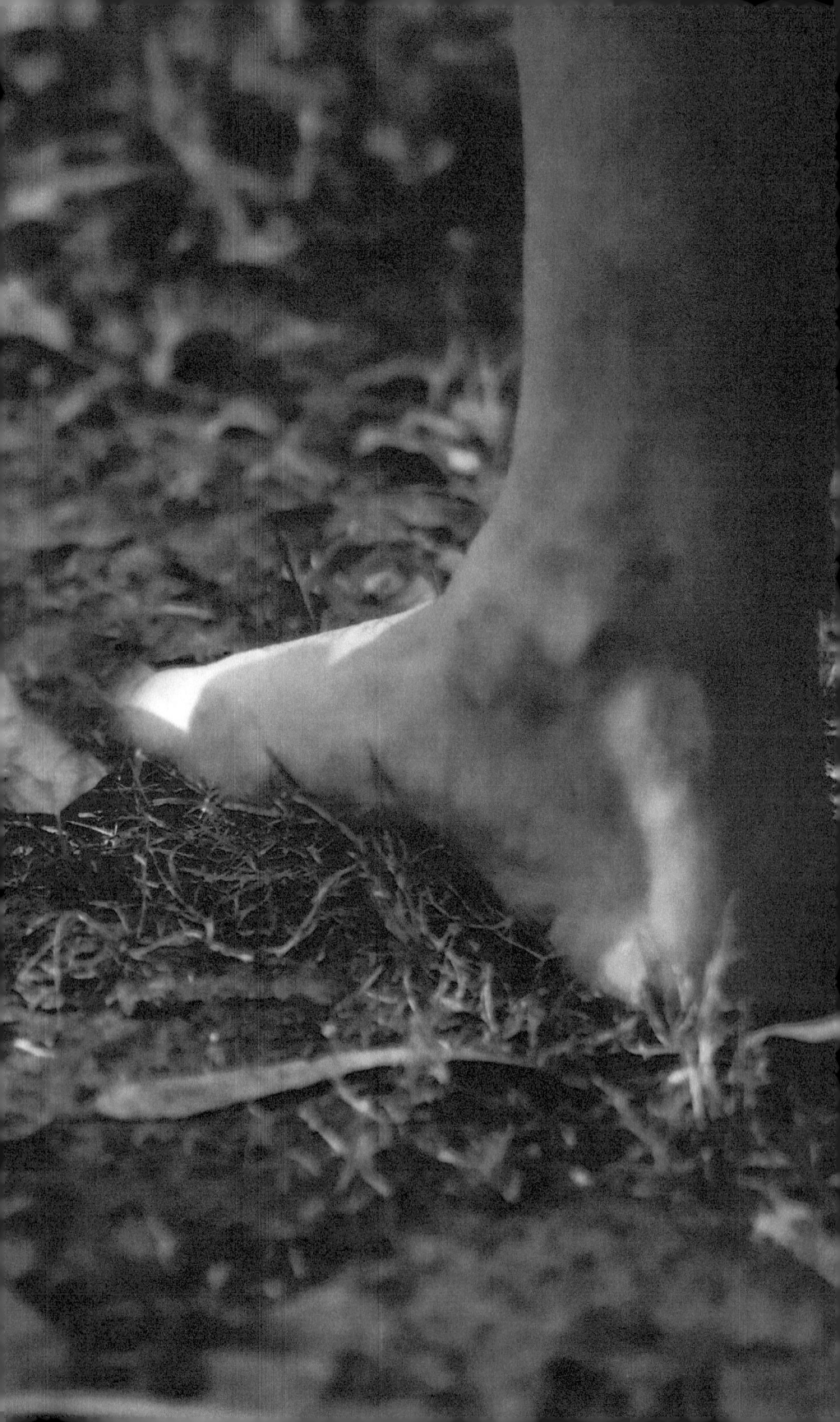

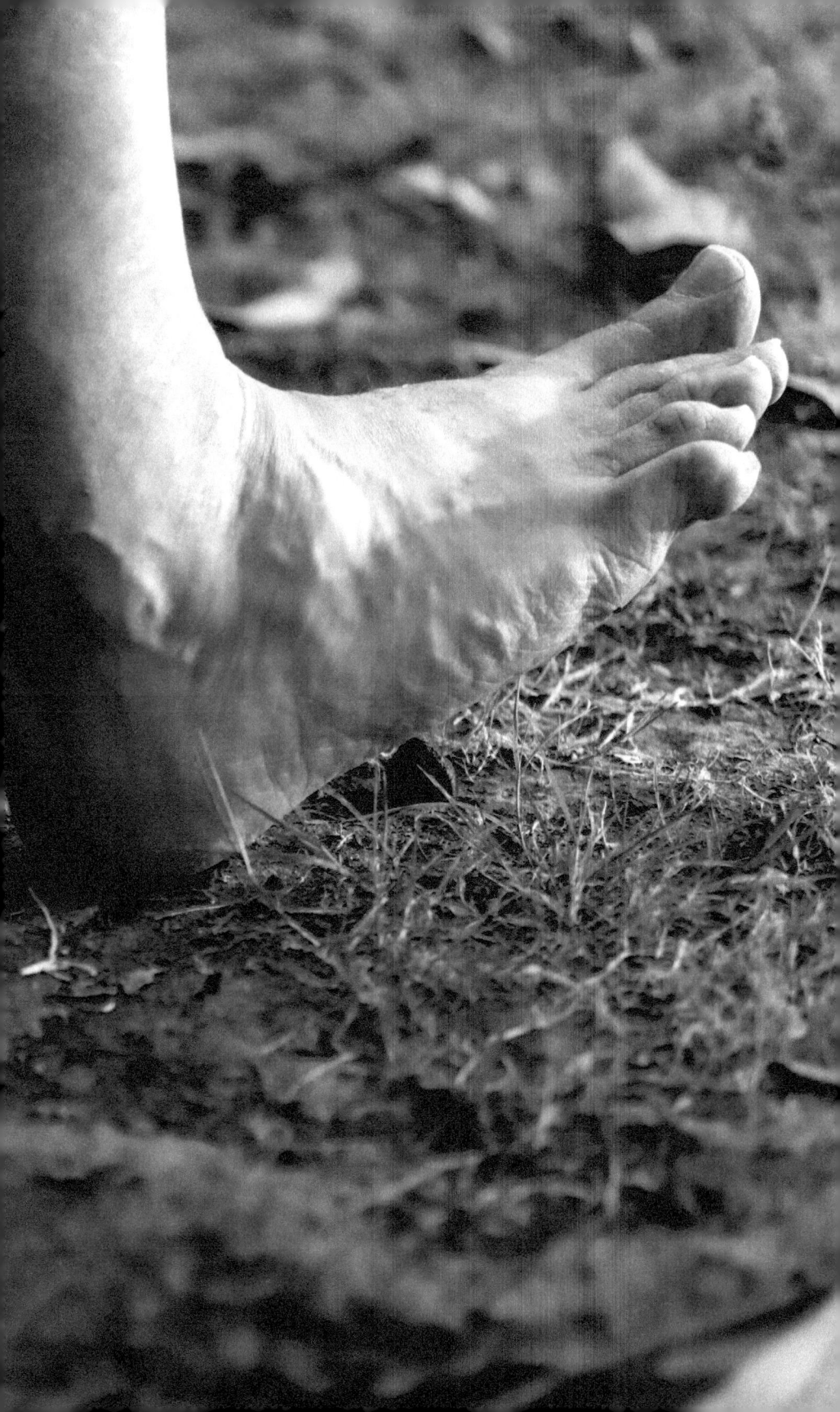

Los herederos de Francis Bacon y la eutanasia

La maldita Soledad se hace la buena.
Me ha guiñado su ojo con orzuelo
y quiere que bese sus hidratados discursos.
No hay más que verla en su suciedad frígida
rompiendo el dique que lleva mi agua al lado de los otros.

Qué mal me hundo hoy. Qué bien me turbo.
Qué maravilla que me incendio como mástil
en una bandera sin patria.
Qué bueno que me busca esa mujerzuela taquillera
de senos y nalgas fracasadas y continuas.

Después de ella sólo queda la posibilidad de morirse
aunque el instinto vive con esa otra puta llamada Esperanza.

Nuevo problema filosófico

Por qué no has venido a ser como una mosca, así de simple.
Por qué no has venido como una visita abusiva
a quedarte en tinta china como un trazo imborrable.

Por qué
te hiciste más misterio que la poesía.

Hipótesis para la libertad de la luz

Yo mismo descubrí la jaula donde habitaban los fragmentos de pájaro. Le enseñé a abrir las alas para que salga triturada por entre los barrotes. He visto sus plumas y sus picos por entre los cielos falsos, en cautiverio. Salieron desbocadas como humo atómico.

Saqué ese corazón de entre los cartílagos y le entregué la almohada con la que soñaba. Esos fragmentos de pájaro se habían abierto en vuelo más adentro de los músculos de las rejillas que habían penetrado sus tuétanos. Se fue el ave y sus partes, volaron por los techos mayores de los edificios y las catedrales. Iban cayendo algunos restos de su cuerpo ruidoso, incrustados por el color luminoso de sus plumas. Algo traté de atrapar. Pero era demasiado poco. Solo se descascaraba un tatuaje. Miré la costra de pájaro cuando se iluminó su piel de luz. No quedó ni una pluma. No fue para mí su iluminación. Si acaso para alguna estrella que está cayendo en el firmamento llena de fuego.

Huir del pensamiento

El mar está cerca
como un rinoceronte mirando las estrellas.

Voy repleto de una soledad gigante
como una embriagada figura de tótem
que quiere el silencio
el aroma profundo del suelo no fértil.

Se han perdido los gestos y realidades que hacen feliz.
Se han ido las madrugadas en un solo golpe de voz
como una sílaba sin sonido
como una cordillera sin mesetas.

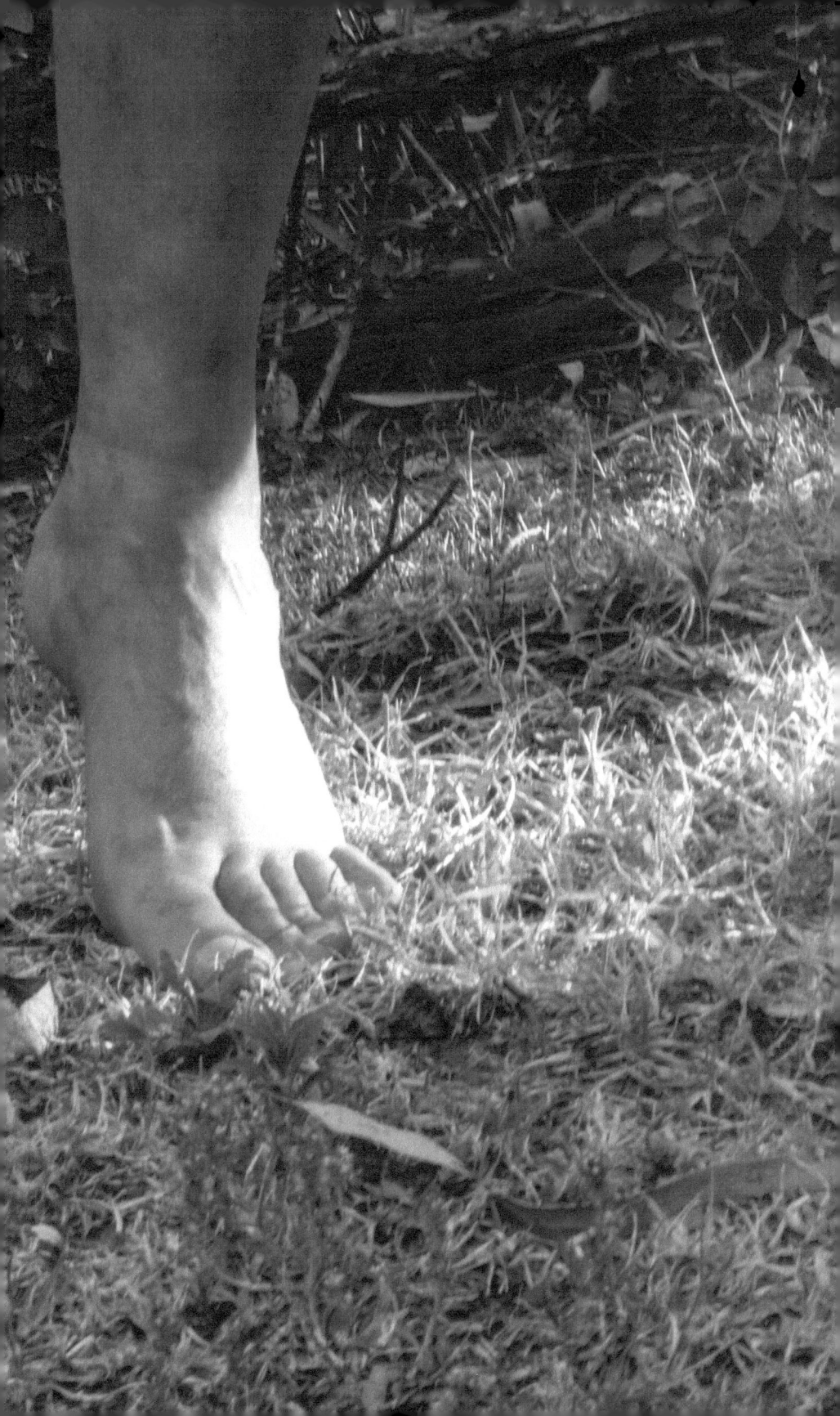

ACERCA DEL AUTOR

Xavier Oquendo Troncoso (Ambato, Ecuador, 1972). Periodista, gestor cultural y magíster en Escritura Creativa por la Universidad de Salamanca. Ha publicado los libros de poesía *Guionizando poematográficamente* (1993), *Detrás de la vereda de los autos* (1994), *Calendariamente poesía* (1995), *El (An)verso de las esquinas* (1996), *Después de la caza* (1998), *La conquista del agua* (2001), *Esto fuimos en la felicidad* (Quito, 2009; mención de honor del Premio Jorge Carrera Andrade, 2010; México, 2018), *Solos* (2011; 2.ª ed., traducida al italiano por Alessio Brandolini, Roma, 2015), *Lo que aire es* (Colombia, Buenos Aires, Granada, 2014), *Manual para el que espera* (2015), *Compañías limitadas* (finalista del Premio Pilar Fernández Labrador, 2018; Premio Universidad Central del Ecuador, 2020) y *Tiempo Abierto* (España, 2022; Honduras, 2023; Argentina, 2023; Perú, 2025).

Asimismo, ha publicado libros recopilatorios de su obra poética: *Salvados del naufragio (Poesía 1990-2005)*, *Alforja de caza* (México, 2012), *Piel de náufrago* (Bogotá, 2012), *Mar inconcluso* (México, 2014; edición revisada, Bolivia, 2022), *Últimos cuadernos* (Guadalajara, 2015), *El fuego azul de los inviernos* (1.ª ed. virtual, Italia, 2016; 2.ª ed. aumentada, Nueva York, 2019), *Los poemas que me aman* (antología personal traducida íntegramente al inglés por Gordon McNeer, 2016, y al italiano por Emilio Coco, Roma, 2018; 3.ª ed. aumentada, Tegucigalpa, 2022), *El cántaro con sed* (traducido al portugués por Javier Frías, Madrid, 2017), *Dos poemas a mi padre* (Nueva York, 2017), *Dedicatorium* (Lima, 2020), *En la soledad del nuevo día* (Honduras, 2020), *Dos cuadernos en soledad* (Nueva York, 2021), *Algunas alas* (Colombia, 2021), *Diez poemas con pluma* España, 2022) y *Tiempos errantes. 50 años, 50 poemas* (Chile, 2022). En narrativa ha publicado el libro de cuentos *Desterrado de palabra* (2000), y las novelas infantiles *El mar se llama Julia* (2002, con numerosas ediciones y reimpresiones) y *Migol* (2019).

Como antólogo, ha preparado *Ciudad en verso. Antología de nuevos poetas ecuatorianos* (Quito, 2002), *Antología de la poesía ecuatoriana contemporánea. De

César Dávila Andrade a nuestros días (México, 2011) y *Poetas ecuatorianos. 20 del XX* (México, 2012).

Su obra poética reunida (1993-2022) se encuentra en el volume *El tiempo y las alas*(El Ángel Editor, Quito, 2022). Parte de su poesía ha sido traducida a varios idiomas y aparece en importantes antologías de la poesía contemporánea en lengua española.

Es organizador del Encuentro Internacional de Poetas Poesía en Paralelo Cero, uno de los festivales de poesía más relevantes de América Latina. Dirige y edita la firma editorial El Ángel Editor, con la que ha publicado cerca de 600 libros de poesía de autores ecuatorianos y de otros países, consolidando un amplio trabajo de difusión de la poesía contemporánea en la región.

ÍNDICE

Ira con piel

Notas curatoriales: Marisa Russo

Prólogo visual — 15

Nada antecede al cuerpo salvo su propia forma en la luz. La sombra ofrece la primera hipótesis del libro: lo que se mueve antes de ser dicho.

Goethe y una duda naturalista — 15

La piel toca el suelo y el mundo retrocede un instante. La luz abre su herida mínima: allí nace el pensamiento.

Nuevos personajes... sobre el Yo de Hegel — 19

La sombra divide al sujeto y expone su fractura viva. El yo se desdobla porque la luz lo exige.

El cinismo del cínico — 23

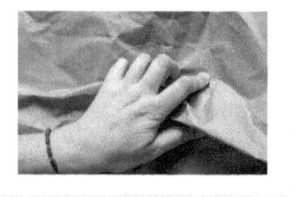

La razón calla, pero el cuerpo acusa. El papel revela la mentira donde la voz finge convicción.

Reflexiones... después de Schopenhauer — 27

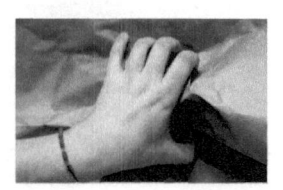

La idea no existe sin presión. El poema hunde la voluntad en la carne: sentido que duele y se afirma.

Versión de Bram Stoker... siglo XXI — 31

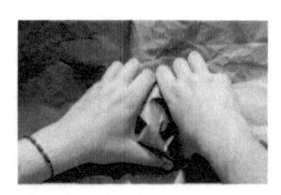

El monstruo ya no muerde: se enrosca en el gesto. La torsión del papel delata lo que el rostro no soporta mostrar.

Una oración erótica... Bataille — 35

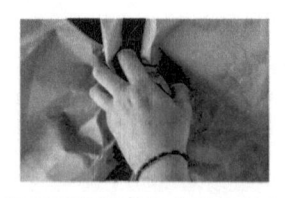

El deseo piensa. La piel reconoce su claridad en el acto de apretar aquello que no cede: un pensamiento que se enciende desde la carne.

Ira con piel — 41

La furia se inclina y se condensa en un punto vivo: una piel que despierta. El papel recibe la presión del mundo y la transforma; aquí la ira piensa, encarna y respira con una claridad que se sostiene en el cuerpo.

Escribir con sangre según Nietzsche — 45

El cuerpo sube sin pedir permiso. El rojo sostiene la voluntad; la madera gastada revela la intensidad del trayecto. Escribir con sangre significa esto: dejar huella en cada escalón, elevarse aunque duela, ascender como si la verdad dependiera del movimiento.

De 6 y 30 a 6 y 31 pm... — 51

El instante absoluto. Un cuerpo que contacta el mundo por la planta del pie mientras el tiempo se reduce a una sola inhalación: 6:30, 6:31. La huella existe antes que la palabra. La imagen detiene lo que el poema nombra como tránsito imperceptible.

Fenomenologías personales — 55

El mundo se siente desde la planta del pie: la experiencia vibra entre el crujido seco de la hoja y la suavidad del pétalo. La fenomenología ocurre así, en la fricción mínima donde el cuerpo recuerda lo que la mente intenta nombrar.

Apuntes sobre el vacío al leer a Badiou — 61

El vacío se insinúa en la distancia: el pie apenas aparece y deja que la multiplicidad ocupe el centro. El mundo se sostiene en estos restos mínimos, donde la forma se suspende y el pensamiento encuentra su punto más claro.

Gimnasio — 65

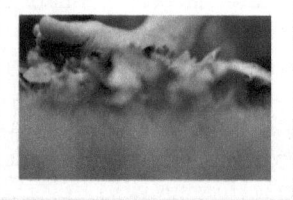

El cuerpo acusa su límite sin vergüenza: el movimiento se vuelve borroso mientras el entorno permanece claro. La fragilidad sostiene y deja una huella mínima: un temblor que piensa.

Homero — 69

La visión desciende hasta el tacto: el pie busca la forma que el ojo ya no distingue. En esta cercanía extrema, el mundo revela su claridad más antigua.

Varias lecturas sobre la libertad luego de Sartre — 73

La libertad desciende al cuerpo: no aparece en la abstracción sino en la fricción entre piel y mundo. El agua registra la elección —su contacto confirma que toda decisión empieza en la materia y se despliega como apertura.

"Lo inútil" luego de Heidegger — 79

La piedra guarda un mundo ajeno al propósito. Su humedad recibe al cuerpo sin exigir sentido: solo abre un estar que no produce ni explica. Allí la esencia no habla —permanece.

El poema según Juan de Patmos — 83

La revelación abandona el cielo y desciende a la materia. La piedra recibe el peso del cuerpo y le devuelve una verdad sin estridencias: firme, silenciosa, inevitable. Nada anuncia —se manifiesta. En esa superficie mínima, el poema encuentra su inicio y su juicio.

Los herederos de Francis Bacon y la eutanasia — 89

Entre la carne y la sombra, la vida se obstina. Un brote irrumpe donde el cuerpo roza su límite y desmonta cualquier sentencia final. Allí, en esa mínima insurgencia, la materia rehúsa desaparecer y escribe su propio derecho a permanecer.

Nuevo problema filosófico — 93

La pregunta aparece antes que el paso. El cuerpo sale de la penumbra y revela un pensamiento que todavía no toma forma. No hay avance ni retroceso: solo un instante donde lo real vacila y exige otra lectura.

Hipótesis para la libertad de la luz — 97

La claridad se expande sin anunciarse. El pie apenas se eleva y la luz modifica su curso, como si encontrara un modo propio de existir. No asciende: se abre. Allí el mundo respira con una ligereza que no pretende explicación.

Huir del pensamiento — 101

El cuerpo se arranca del mundo por un instante: rompe la obediencia del suelo y suspende toda certeza. Allí, en ese salto que no busca destino, el pensamiento pierde su reino y la libertad ocupa su lugar.

Epílogo visual — 102

Un pie desciende y el otro retiene la luz. La ira muda su forma en ese intervalo donde el cuerpo sostiene más de lo que muestra. La piel piensa —y la imagen lo sabe— sin necesidad de declararlo. Lo que queda en suspensión no es duda, sino otra forma de presencia: un gesto mínimo donde la materia se adelanta a la palabra y el mundo se deja leer desde allí.

Acerca del autor — 107

WILD PAPERS
PAPELES SALVAJES
Experimental Poetry
Homage to Marosa Di Giorgio (Uruguay)

1
Catorce poetas que beben capuchino
José María Zonta

2
Algoritmo de RabiAmør
Nibaldo Acero

3
Ira con piel
Xavier Oquendo Troncoso

Poetry Collections

ADJOINING WALL
PARED CONTIGUA
Spaniard Poetry
Homage to María Victoria Atencia (Spain)

BARRACKS
CUARTEL
Awards Winning Works
Homage to Clemencia Tariffa (Colombia)

BORDERLAND
FRONTERA
Hybrid Poetry
(Spanish - English)
Homage to Gloria Anzaldúa (U.S.A.)

CROSSING WATERS
CRUZANDO EL AGUA
Poetry in Translation (English to Spanish)
Homage to Sylvia Plath (U.S.A.)

DREAM EVE
VÍSPERA DEL SUEÑO
Hispanic American Poetry in USA
Homage to Aida Cartagena Portalatin (Dominican Republic)

FEVERISH MEMORY
MEMORIA DE LA FIEBRE
Feminist Poetry
Homage to Carilda Oliver Labra (Cuba)

FIRE'S JOURNEY
TRÁNSITO DE FUEGO
Central American and Mexican Poetry
Homage to Eunice Odio (Costa Rica)

INTO MY GARDEN
English Poetry
Homage to Emily Dickinson

LIPS ON FIRE
LABIOS EN LLAMAS
Opera Prima
Homage to Lydia Dávila (Ecuador)

LIVE FIRE
VIVO FUEGO
Essential Ibero American Poetry
Homage to Concha Urquiza (Mexico)

REVERSE KINGDOM
REINO DEL REVÉS
Children's Poetry
Homage to María Elena Walsh (Argentina)

STONE OF MADNESS
PIEDRA DE LA LOCURA
Personal Anthologies
Homage to Alejandra Pizarnik (Argentina)

TWENTY FURROWS
VEINTE SURCOS
Collective Works
Homage to Julia de Burgos (Puerto Rico)

WILD MUSEUM
MUSEO SALVAJE
Latin American Poetry
Homage to Olga Orozco (Argentina)

INTERNATIONAL POETRY AWARD
PREMIO INTERNACIONAL DE POESÍA NYPP
Award Winning Authors
Homage to Feature Master Poet

Children's Literature

KNITTING THE ROUND
TEJER LA RONDA
Homage to Victoria Ocampo (Chile)

Fiction

INCENDIARY
INCENDIARIO
Homage to Beatriz Guido (Argentina)

Drama

MOVING
MUDANZA
Homage to Elena Garro (México)

Essay

SOUTH
SUR
Homage to Victoria Ocampo (Argentina)

Non-Fiction

BREAK-UP
DESARTICULACIONES
Homage to Silvia Molloy (Argentina)

For those who, like Marosa Di Giorgio, imagine that *the stars offered their branches, so [we] could climb up and flee with them / but the dawn began to color the land / and the dawn witnessed the sacrifice in the thicket*, this book was conceived as a tribute to her on November 2025, in the United States of America, by Nueva York Poetry Press, in the Wild Papers Collection.

www.ingramcontent.com/pod-product-compliance
Lightning Source LLC
Chambersburg PA
CBHW020130170426
43199CB00010B/706